그대에게 드리는 들꽃 한 다발

그대에게 드리는 들꽃 한 다발

전재복 시집

미래시선 124

미래문화사

잘못 보았을까? 어젠 분명 초록이 더 많았는데 오늘 아침 바라본 나무들은 틀림없는 가을 빛깔이다. 보이지 않는 화가의 붓 놀림이 빠르게 가을 빛깔을 칠해 가고 있다.

바람이 차다고 느끼며 마음을 여미듯 창문을 닫는다.

살아 있는 날 중 가장 아름다운 빛깔로 떠남을 준비하는 나무들을 바라보며, 꽤 많은 시간동안 나무를 닮아보려 애썼던 나를 돌아본다.

비가 오면 오는 데로, 바람이 불면 부는 데로, 척박한 땅에서조차 겸허하게 주어진 삶을 끌어안는 나무 –

나는 나무의 강인함도 너그러움도 유연함도 어느 것 하나 제대로 닮지 못한 채 어느새 엉거주춤 내 생의 가을로 들어서 버렸다.

이제 자꾸만 짧아지는 가을 햇살처럼 마음만 바빠져서 서둘러 생각의 창고를 정리해 둬야겠단 생각을 이즈음 자주 하게 된다.

잘 익은 포도주처럼 내 삶을 잘 익혀서 맛깔스럽게 익은 작품 하나 건져 내고 싶었다.

하지만 지금 내 손안에 있는 건 모두가 설익고 떫은맛뿐……

오늘까지 따뜻한 눈길로 어여삐 지켜 보아준 사랑하는 사람들에게, 부끄럽지만 조금 설익었을지라도 한 다발 들꽃 같은 마음을 묶어 얼굴 붉히며 드리고 싶다.

감사와 사랑을 듬뿍 얹어서 ―

2002년 가을에
전재복

차례

2 · 꽃 씨

아직도 사랑할 일이 너무 많아

사색의 窓·3
마음의 창을 닦으며

4 · 다시 써 보는 이름
조금씩 내려놓고 조금씩 잊어가며

끝나지 않은 노래 · 5
아픔조차 사랑하는 까닭에

1
유년의 뜰
빛 알갱이로 환하게 튀어 오르던

제비꽃

아지랑이
스멀스멀 헤엄치는 논둑

쑥, 미나리
어우러진 틈바귀

소리도 없이
눈 떠 있구나

너무 작은
보랏빛
물방울 하나.

어리고 작은

작고
어린것들 보면
가슴 끝이 저려온다
너무 여려서
바라만 보기도 조심스럽다

솜털 보송한
어린 아이
이슬 매단 작은 풀꽃
잎새 뒤에 숨은
쬐꼬만 무당벌레
뾰족이 손 내미는
어린 싹

어리고 작은 것 보면
가슴이
문득 환해진다
너무 어여뻐서
바라만 보아도
소리 없이
웃음이 벙그러진다.

14

봄

바람의 눈빛
순해지고
산등성이 슬금슬금
간지럼 탈 때

들판은
소리 없이 술렁이고
어린 풀들
조잘대고 싶어질 때

문득
등뒤로 다가서는
따스함

영산홍

비스듬히 누워
해바라기하는 언덕배기
새살 돋아
초록으로 반짝인다

어린 살결
다칠까 겁나더니
사정없이 내리꽂는
봄 햇살에
기어이 할퀴이고 만다

보드란 연녹 옷자락에
점점이 묻어나는
다홍 핏방울

안개꽃

투명한 살갗
연녹색
실핏줄 끝에
꿈꾸듯 피워 올린
수천의 별 떨기

애틋한
떨림이더니

돌연
쏟아져 내려
눈보라로 꽃피는

첫사랑
순백의 날개 돋친
나의 소녀여.

여름 한낮

무논에 지쳐 누운
여름 땡볕

가물가물 멀미하는
어린 벼 포기

속살 드러낸 우렁이
심심해 몸살하고

논둑에 벗어 둔 고무신 속엔
띠룩 띠룩
개구리 한 마리

매미소리 자지러지는
여름 한낮

그리움

들기름에
검댕이 개어
질 낸 무쇠 솥
그 솥의 누룽지 한 웅큼

싸르륵 싸르륵
풀무질에 잘도 타던 왕겨
그 불에 묻어 둔
감자 몇 알

허기진 저녁의 꽁보리밥
토장국과 어린 호박잎
아!
군침 도는
어린 날의 먹거리
군불에 익는
풋콩 냄새여.

개나리꽃

무심코
눈을 들면
어디에고 따스함이 마주섰다
정겨운 모습이 웃고 있었다.
그곳엔.

떠나와
낯선 바람에 추위 타며
낯가림하는 아이처럼
속으로만
속으로만 울음을 장만하는데

풀 죽은 눈 끝
울타리 너머
문득 햇살 같은 웃음 한 꼭지 —
샛노랗게
반가운 눈인사한다.

幼年의 뜰

모깃불 연기로
하루의 피곤이 풀려나는
멍석 위

달이
흰옷으로 내려와
풀벌레 노래 속을 거닌다.

멍석 가를 스치는
실배암
이슬에 밤이 젖는데

졸음 오는 귓가
사기등잔 부딪는 소리

달이
청아한 소리로
웃고 있었다.

회상回想

타닥 타닥
보릿대 타는 소리
마당가 화덕 위에선
수제비가 익고 있었지

생풀 타는 연기로
모기를 쫓으며
식구들은 멍석 위
별을 이고 앉아 있었어

보따리 행상 나간 내 어머닌
어둑한 시골길 어디쯤
맘 급히 오실 테지만
어린 계집애는 좋아서 뛰었던 게야

놀리느라 그랬겠지
네 몫은 없다, 네 집에 가라
앙칼진 외숙모 말에
정신이 들었어
그렇지, 우리 집이 아니었지

무안하여 나선 사립문

어둠이 내리는 똘 길 따라
저녁 안개 슬픔처럼 피어오르고
찍어내는 눈물로
길은 움푹 진푹 흔들렸어

어스름 저녁 저쪽
출렁이며 다가오는 어머니 모습에
와락 달려가 안기며 울었지
ㅡ 아가, 왜 우냐 ? ㅡ
어머니 걱정되어
울었다 했지

어린 가슴에
남모르는 슬픔 하나
묻어 둔 게야.

꽃 밭
– 밤 비행기에서

꽃밭에 피는 것만
꽃이 아니다

신은
사람에게
사랑의 약속으로
꽃을 허락하고

인간은
신을 모방하여
또 다른 꽃밭을 가꾸었다

저리도
아름다이 피어난
빛의 꽃들
새로 태어나는 어린 것은
사랑스레 깜빡이고
더러는 강물 되어
흘러가고
어여삐 어깨 맞잡고
도란도란 피는 꽃들

별은
하늘에만 있는 것이 아니다

오후 한때

꼬마들이 돌아간 오후
살풋 다가선
가을 짧은 햇살 속에
뽀얀 이야기 가루들이
슬금슬금 기어 나온다
책상 밑, 풍금 속, 교실 구석구석

술래잡기 하다
책상 안고 넘어진 덜렁이
짝꿍 때문에 삐진 희야
새집으로 이사가게 됐다고
자랑하던 현이
끝도 없이 이어지는
개구쟁이들 이야기가
빈 교실 가득
고소한 냄새로 피어난다

책상 밑 미끄러 떨어진
몽당연필, 크레파스 하나
제 주인 흉보는
볼멘 소리도 있고
깔끔하게 정리된 사물함에선

예쁜 친구 자랑도 한창이다

내일은 또
어떤 애기들이
알밤처럼 토옥 톡
여물어 떨어질까?

운동장

활기차서 좋구나
공을 따라 달리는 아이들
생명이 깨어나
힘차게 솟구친다

나름대로
제 무게에 찌든 얼굴
부질없는 어른의 욕심에
등 밀린 짜증도
이곳엔 없다

시리게
투명한 하늘이 내려와
운동장이 되는 곳
한줄기 바람도
더불어
아이들이 되는 곳

어여쁘다
밝은 함성이
은비늘처럼 반짝이며 꽂히는 곳

아가야 · I

너무 작아서
사람인지
믿기지 않는

그러나
너무 또렷한 사람인
너는
한 묶음 환희다
신기한 기쁨이다
내 아가야 !

1978년 10월 2일 새벽 1시 33분
첫아들 현우와 만남

아가야 · Ⅱ

온 천지 뒤틀리던 구토
그 이백팔십일 위에
사지 찢어지는
엄마의 아픔을 딛고
힘겹게
숨쉬는 아가야

너는 기쁨이다
너는 축복이다
너는 나의 아픔이다
먼 훗날
너 또한 엄마가 되어야 함으로

1980년 3월 25일 오전 5시 정각
둘째 아기 윤경과 만남

소나기

어쩌나
참새 같은 내 새끼들
비에 젖겠네

천지간에 쏟아지는
물벼락

펼쳐 든 우산 속
남들은 저마다
새끼를 품어 가는데

쭉정이 어미 하나
교실 창밖 풍경에
가슴만 고스란히
재가 된다.

그게 바로 너희들이야

따스한 봄볕에 뾰족이 솟아난 새싹들
그보다 훨씬 가슴 설레는 기쁨
그게 바로 너희들이야

보송한 솜털, 반짝이는 까만 눈
가만히 손 뻗어 만져 보고픈
그게 바로 너희들이야

잠시도 가만히 못 있어 퉁탕거리고
입 다물고는 일분도 못 견뎌서
종일 쫑알대는
그래서 가끔 선생님을 울고 싶게 하는
꾸러기, 꾸러기들
너희들이야

고 쬐꼬만 입
고 동그란 눈
고 작고 예쁜 손으로
무엇이든 따라하는
기특한 아이들
그게 바로 너희들이야
앙— 깨물고 싶은 너희들이야

2
꽃씨

아직도 사랑할 일이 너무 많아

꽃씨

빈 화분에
권태로운 일상을 비벼 넣고
꽃씨 몇 알 묻는다

푸석한 흙을 헤집다
읽어지는 목마름
생각의 깊이만큼
젖어 들어라
물을 준다
목젖 울리는 소리를 내며
물을 마신다

비로소
악착같이 살아야 할
이유를 찾는다
꽃 —
향기로움으로
작은 세상을 열어 줄
처음의 그 모습을
만나야 하므로

창가로

자리를 잡고
우린 서로
사랑하기로 한다.

호박꽃

당신께 드리는
따스한 불씨 하나
오롯이 밝혀 든
노란 등잔

사랑이라 부르기도
부끄러워
가슴에만 묻어 둔
샘물 하나

등 돌린 시간의 상채기까지
보듬고 입맞추는
남루한 잎새

꾸미지 않은
모습 그대로
그대 밥상에
기쁨 한 사발

거울 속엔

거울 속엔
노래를 잃어버린
새 한 마리 산다

가슴에 난
작은 구멍 들여다보며
자꾸만 구멍을 넓혀 가더니
이젠 제 몸마저
풍덩 빠져
날지 않는다

거울 속엔
노래를 잃어버린
새 한 마리 산다

제 깃 뽑아 둥지 틀고
피울음 엮어
아름다이 사랑을 노래하더니

모두 떠난 빈자리
피곤한 날개
가슴이 텅 빈 새 한 마리

그곳에 산다.

나이

어느 날
눈앞의 작은 것이
흐리게 보일 때
그것들이
멀찍이 들고 보아야
잘 보이게 되었을 때
잠시 그러다
괜찮겠지 했다

깜빡 깜빡
기억을 놓칠 때도
그럴 수도 있지 했다

그러나 거울 속엔
윤기 잃은 얼굴이 마주 앉고
공들인 화장으로도 가릴 수 없는
피곤한 그늘

다친 적 없는
뼈마디가 아프고
사람이 그리워서
찬바람이 가슴으로 부는 날

홀홀 벗어 던지고 싶은
시간의 굳은 껍질

물보라

바다에 나간 적 있어
미친 듯 달려와선
온몸 내던져
허옇게 까무러치는 물보라

왜일까
저토록 막무가내로
부딪쳐 깨지는 이유는

문득
그럴 수 있는 용기가 부러웠어
사정없이 부딪쳐
피 흘리다 보면
맺힌 가슴이 풀릴지도 몰라

바다에 나간 적 있어
서 있기
힘에 부친 날.

갈등

그대와 나
건널 수 없는
강가에 서서
가슴에 박히는
바람소리 듣는다

다 가져도
다 주어도
끝내
채울 수 없는 목마름

서로 할퀴어
만들어진 상채기
제각각 끌어안고
속울음 운다

미움 때문에 괴롭고
사랑했으므로
더욱 맘 아픈 날

물살 흔드는
바람의 흐느낌

연기처럼
내 안에 스며들어
자꾸만
쿨럭거린다.

부부 · I

그대
한 그루 키 큰 나무
나는
그대 말뚝에 매인 염소
그대 그늘에 누워
따가운 햇볕을 피하며
행복을 꿈꾼 날도 있었다
묶여 버린 내 자유를
더 많이 슬퍼도 했다

그대의 손가락 하나
다칠 수 없음에도
나는 수많은 살인을 꿈꾸었고
그대의 무심한 눈빛 하나로도
수없이 많은
절망과 마주섰다

사랑과 미움은
번갈아 드나들며
나를 병들게 하고
고통에서 끌어내기도 한다

그대
한 그루 키 큰 나무
나는 그대 말뚝에 매인
한 마리 작은 염소
사랑으로 수천 번 새로 나고
사랑 때문에
수없이 절망한다.

부부 · Ⅱ

우린 서로에게
특별한 의미가 되길 원했다
빛나는 아름다움과
그윽한 향기가 되기를
가슴앓이로 오는
사랑이기를

바쁜 서른
힘든 마흔을 넘어
가파른 쉼의 문턱에서
우린 서로에게 무엇일까

서로의 흰머리를 가려 주며
이젠 서로가
편안한 쉼터임을 알아채곤
시린 눈빛으로
말없음표를 찍어 간다.

무제無題 · I

때로
가위눌림 같은
삶의 족쇄足鎖

내가 총을 쏠 수 있다면
제일 먼저
널 쏘겠다

사랑으로 불리우는
미움의 참 모습

무제無題 · Ⅱ

얼마나 더
진흙 밭에 나뒹굴어야
성이 풀리려는지

버거움으로 쏟아놓은
토사물까지
흠뻑 뒤집어쓴 채
이젠
알아볼 수조차 없는
지난 시간 속의 꿈

아직도
밟아 뭉개야 할
편견 한 조각 남은 걸까?

그대
나를 얼마나 더
짓밟으려는가.

어떤 기다림

늦은 나이에
힘 부치는 시험을 치르고
행여나
좋은 소식 오길 기다린다

시간은 더디어서
속 타는 시간 길기도 하다

전화벨 소리에
화들짝 놀라고
지나치는 발자국 소리에도
가슴은 콩닥거린다

낙방
인가보다

시간은
비켜서 해죽거리고
껍데기 부피만큼
뼈와 살의 무게만큼
여기
있음이 거추장스럽다.

박꽃

빛을 꿈꾸다
소스라쳐 깨어난 저녁
달빛은 창문에 기울고

어둠 속에 던져 둔
아픈 허물
숨기고 돌아눕는데

넘쳐도 채울 수 없는
작은 그릇 하나
어둠 살라
갯여울 소리로 신음하다
안으로 안으로만 삭아 들어
시린 목덜미
하얗게 소름 돋는다.

눈雪

문을 열어 맞을
나의
당신이 없어서

굳게 닫힌
마음이
차가움으로 쌓이네

편지

어느 날은
처음 문을 여는
꽃향기로 오더니
오늘은
저리 고운 노을이다

재 되어
날아가기 전에
한 줄 詩로
나를 부르렴.

동짓달

동짓달
빈들을 채우는 건
바람뿐

슬금슬금
눈치 보던 햇살도
옆걸음질쳐 떠나고
심심해진 바람만
제 꼬리 물고 맴도는데

빈 그루터기엔
철없는 어린 싹

동짓달
빈들을 채우는 건
심심해진 바람뿐

들판에 서면

들판에 서면
막막하여라

무거운 하늘을 이고
끝없이 가라앉는
빈들의 침묵

아우성치며
휘 휘 팔을 저어
한바탕
굿거리 장단으로 뛰는
바람이고 싶다

무채색 사진이 된
어린 날의 시간 속엔
정오의 사이렌 소리
기적처럼 들리는데

까닭 모를 슬픔이
목을 넘는다.

낙엽 일기

이 빠진 뜨락
노인의 손마디 같은
하루 낮

앵도라진 바람에
워석워석 웃다
열적은 얼굴로
악수도 청해 보다

못 이룰
사랑앓이로
진저리치며

그리운 이름 하나
허공에 걸어 두곤
불붙는 노을
그 찬란한 슬픔이여!

3
사색의 窓

마음의 창을 닦으며

차茶 한 잔

차 한 잔
가슴으로 마시고픈 날
아무나 와서
벗이 되어도 좋으리

어느 골짜기
맑은 물에 멱감은
산뜻한 바람
한 국자 담고
눈 시린
하늘 한 조각 넣고

아릿한 그리움
몇 개피 살라
차 한 잔 우려내니

어느새
향기에 취해
저 혼자 붉어진 나무이어라.

분재

거세된 꿈
슬픈 흔적을 본다

숨죽인 침묵
부러진 아우성 −

살아남기 위해
기형의 팔을 뻗는다

허용된 영토 안에서
피멍 들도록
탈출을 위해 내리는 뿌리
벌컥 벌컥
분노조차 마셔야했다

기형의 팔끝에
여린 잎새로 자유를 꿈꾸다
가끔은 눈물겨운 꽃으로
때론 핏빛 열매로
정지된 시간을
매달아 둔다

혼자서 사랑하는 방법을
알아버린 까닭에.

어머니 · I

동백기름 올려
정갈히 지은 쪽
대나무 정절 같은
옥비녀로 꽂고

옥양목 버선발의
하얀 고무신
그대로 한 무리
빛이 되더니

타고 넘은 시간의 강물에
빛나던 총명
흘려보내고
빈손으로 위태롭게 선
일흔여섯

박꽃 얼굴엔
속없이 핀 저승꽃
마른 장작 같은 손을 잡고
오늘은
당신의 투정을 내가 듣는다

마음 아파라
내 어머니
가슴 저미는 일흔여섯.

어머니의 머리

어머니의 머리를
자릅니다
삼단같이 검어서
자주 댕기에
은비녀만으로도 화사하시던

비단 아니어도
곱게 기워
풀먹인 베적삼
옥비녀 하나면
여름 나들이 길 환하시던
자르르 윤기 나
탐스럽던 머릿결

이젠 희끗희끗
성글어지고
혼자선 쪽을 짓기도
힘이 부쳐서

오늘
어머니의 머리를
자릅니다

꽃 같던 각시 시절
딱 한 번 자르시곤
부끄러워 며칠을
수건으로 가리시더니
오늘은
단아한 삶의 흔적을
숭덩숭덩 잘라내고
거울 속 낯선 모습에
겸연쩍어 하시며
― 이젠
　　머리 빗기 쉽겠다 ―

어머니!
당신의 여든 살이
가슴을 에입니다.

1997년

거리에는
사람들이 떠다닌다
날마다
얼마큼의 독을 마시고
반쯤은 얼빠진 채
세상 속을 헤엄친다

뉴스는
날마다 더 자극적이어야 하고
사람들은 잠깐씩
놀라는 체하다
금새 제 무게만큼의
그림자를 둘러쓰고
흐느적거리며 물결이 된다

거리 한쪽에선
끊임없이 독약을 끓여 내고
사람들은 출렁이며
습관처럼 독을 마신다.

그래도 어딘가엔
아침이슬 같은

순한 풀꽃이 자라더라고
풍문이 떠돈다

독을 씻어 내기엔
턱없이 모자란대도
순한
풀꽃이 가득 피기를
피어서
독을 마신 사람들의
눈물이 되기를
따뜻한 가슴이 되기를

간절한 기도
바람에 띄우는
사람을 만난다.

억새바람

듬성듬성
속살 뵈던 아버지의 머리
희끗희끗 애잔터니

아버지 누우신 곳
잔디 대신
억새만 자라
부풀린 허연 꽃
바람에 머리 풀어 흔든다

― 자식 있어 무엇하리 ―

죄스러워 숙인 고개
괜찮다 다독이듯
등 미는 바람이여.

칠불사의 봄

일곱부처 나셨다는
칠불산 골짜기

향을 꽂고
합장도 흉내 낸다

일곱 생 거듭나면
읽어질까 ?

번뇌의 허울들이
넘실댄다

중생은
한나절 벚꽃에 홀리고
꽃잎만
서둘러
눈雪꽃으로
환생還生한다.

산을 오르며
- 금지암을 찾아서

처음 얼마간은
산을 보며 걷는다
빛 고운 잎새에도 한눈 팔고
기막히게 어우러진
능선 위 하늘도 본다

돌돌거리는 물소리에 젖어
길 아닌 길을
허위허위 오르자니
걸친 옷마저 귀찮다

오르고 올라도
끝이 없는 이 길
어디쯤에
꼭꼭 숨어 버린
작은 암자

앞서는 다람쥐 쫓아
모퉁이를 돌아서면
바랑 멘 옛스님을
만날 것도 같은
사람 자취 끊어져

고즈넉한 산길

한줄기 바람 끝에
실낱같은 풍경 소리 매달려 온다

어머니 · Ⅱ

1
아이 몸이 불덩이다
기침소리에 쇳소리가 묻었다
약을 먹이고
물수건을 갈아 대며 아이 곁을 지키다
잠시 비켜 누운 자리
귀는 온통 아이를 향해 열려 있고
작은 기침소리 하나에도
화들짝 놀라 일어난다
쌕쌕거리는 숨소리 따라
가슴에 콕 콕 통증이 온다

2
퇴행성관절염에
키는 반으로 줄고
앉고 서는 일도 힘이 드신 어머니
식욕을 잃으시고 며칠을 앓으신다
폭 꺼진 눈을 감고
거친 숨을 쉬신다

뼈만 남은 손을 잡고 당신 곁에 앉으니
피곤할 테니 어서 가서 쉬라신다

당신은 괜찮다고 -

못 이긴 척 돌아와 누운 자리
무심하게 잠이 쏟아진다
아이의 작은 기침소리에도
일제히 곤두서던 모성母性이
이 밤
죽을힘을 다해
어둠의 터널을 건너시는
내 어머님을 두고는
염치 좋게 슬금슬금 잠에 빠진다

치마폭에 어린 나를 싸안고
몇 밤을 지새우던 어머님을 두고……

화엄사 가는 길

만나고 부딪치고
힘 겨루는 세상에서
한 발짝 뒤로 물러서 본다
지치고 풀 죽은 껍질 벗어
골짜기 흐르는 물에
흔들어 걸치면
후두둑 떨어지던
삶의 아픈 비늘들

몇 겹 갑옷으로 몸을 감싸도
독 묻은 화살은
사방에서 심장을 겨누고
사랑은 늘 저만치서
목말라 타들고 있었다

저마다 눈에 힘주고
목에 힘주고
목소리 높여 사는 세상
두어 발짝 뒤로 물러서 본다

누대로 깔아 누운
잎새들의 향기

우뚝 우뚝 제 몫만큼의 키로
저만큼의 그늘을 드리운 나무, 나무들
편하게 자리 잡은 바위 사이로
도란대며 흘러내리는 물
비로소 편한 숨을 내쉬며
가득 고여 드는
정겨움에 눈물겹다

어느 생 어디에선가
나는 산의 일부였을까
이토록 정겹고
낯익은 풍경에
아 - 꿀맛 같은 잠이라도
청하고 싶다
아니
가장 맑은 소리로 노래하는
산새나 되고 싶다.

마음자리

마음 분주하니
몸은 쉴 새 없고
마음 어두우니
몸이 더욱 괴롭다

한 마음 내는 대로
세상 되어지던 것을
눈이 어두워 알지 못한다
귀가 어두워 듣지 못한다

마음 고요하니
몸이 여유롭고
마음 밝으니
날 것 같다

한 마음 내는 대로
세상 되어지는 것을
너랑 알자
우리가 알자.

눈 뜸

한 방울 물에도
족히 젖을 수 있음을

비어 있는 그대로
넉넉할 수 있음을

안타까이 부르지 않아도
서로에게
닿을 수 있음을

이제는
눈 뜰 수 있겠다.

무상無想

놓아주리라
욕심내고 미워하고
원망하던 마음
연줄 끊듯
놓아주리라

남다른 무엇이기를
갈망하며 허둥대다
돌연 맞닥뜨린
해질녘

손가락 새로 미끄러지는
물살이더라
바람이더라
철없음이더라

이젠 더 이상
아무것도 아니리
길섶에 누운 풀잎에조차
안쓰러운 눈길을 보내는
한줄기 바람일 뿐
그 바람 끝에

가만히 손 모으는
작은 몸짓일 뿐

업

잃어버린 길 위에
사람 하나
서 있다

습관처럼
껴안고 온
작은 불씨
그 희미한 온기
따스함이라
믿고 싶어한다

때로
얼음 화살촉 되어
가슴을 찢어도
그건 나의 몫

끊으려 몸부림칠수록
조여드는 굴레
그냥
바보로 살기로 한다.

女人

헝클어진 몸
가닥가닥 끼워 들고
추운 하늘 물에 빨아보다
얼레빗
설설
빗어도 보다

속 깊이 덮어 둔
옹이진 아픔
마디 굵어진 손으로
토닥이며

밤마다
체념으로 지는
풀꽃이다
나무다

아침마다
바램으로 눈뜨는
나무다
꽃이다.

새벽공부

이른 새벽
귀찮다 돌아눕는
몸뚱이 일으켜
찬물에 얼굴 적셔 내니
그윽히 올라오는 공경심

받들어 올린 귀한 말씀
가만가만 읽어 가는데
생각은 어지러이
뜀박질한다

천방지축 노니는 생각들
하나 둘
제자리 찾을 때쯤
뽀얀 밝음이
창을 적시고

신비로워라
밝은 이 향하는
이 새벽이여 −

山

잡다한 세상소리
제멋대로 사는
별의 별 사람
홍수로 쏟아 내는
쓰레기까지
산은
마다 않고 품어 준다

파도로 밀어 내는
바다의 몸짓도
닮지 못한 채

산은
산으로 우뚝 서서
속 깊은 넉넉함으로
山짐승 키워 내고
정갈한 여울물에
맑은 노래 한 곡조
띄울 줄도 안다

가끔씩
세상걱정

산안개로 피워 내고
바람 몇 올로 한숨짓다
안쓰러이
세상을 감싸 안는다.

4
다시 써 보는 이름

조금씩 내려놓고 조금씩 잊어 가며

가을엔

가을엔
먼 곳이 보이기 시작한다
높은 하늘을 한참씩 올려다보고
먼 데 산을 바라보며
주말 山行을 결정하기도 한다

집안 구석구석
소금기 절은 여름을 걷어 내고
마알갛게 유리창을 닦는다

소식 끊긴 친구가 생각나서
보고 싶단 편지를 쓰고
하얀 봉투에 또박또박 이름을 적다가
잊혀진 주소를 슬퍼한다

덮어 둔 추억의 갈피에선
문득 문득
그리움의 파편들이 불거져 나와
상처를 덧나게 하고
서걱이는 잎새 끝 바람에도
아픔이 만져진다

가을엔
내 안의 나를 오래도록 바라보게 된다
푸른 달빛에 잠겨
오슬오슬 소름 돋우며
새벽이 오는 소릴 듣는다

2월의 노래

서른
서른하나
꽉 찬 해와 달의 바퀴 속
누가
기막힌 재치로
2월을 두었을까?

빛날 일
박수 쳐 줄 일도 없는
사나흘쯤 더 끼워도 남을
넉넉한 품새
팽팽히 당겨진
시간의 가죽끈을
조금은 늦춰도 좋으리.

칠푼이 같은
2월이 아니라면
얼마나 우리는
묵은 체증으로
신트림을 하랴.

가을 빗소리

깊은 밤
문득 잠 깨인 귓전에
속살거리는 낯익은 소리
창밖 감나무에
비가 내리고 있었다

가만히 열어 본
유리창 너머
비밀스런 어둠에 싸여
술렁이는 잎새들

가을이 저만치서
시간을 보채더니
오늘밤엔
비까지 잠을 깨운다

가을은 언제나
투명하게 다가와
모두의 떠남을 연습시킨다
떠나는 일이
가슴 에이는 아픔이 되지 않도록
깊은 밤

우리를 깨어 있게 하고
손끝에 닿아지는
서로의 체온을 감사하게 한다

그리하여
어느 날
누군가 떠나야할 때
늘 연습해 왔던 것처럼
떠나는 일이
낯설지 않도록
혼자만의 시간을
연습시킨다.

이삿짐을 꾸리며

늘 있던 자리
서로에게 길들여져
너무 편했을까?
익숙함만큼 덤덤한 얼굴들

세간살이 들춰내
먼지를 털어 내다
찌든 먼지 속
제각각 담긴 지난 얘기
하나씩 뒤적이며 쓰다듬는다.

어디 세월의 흔적이
사람의 얼굴에 뿐일까?

때묻고 빛 바래고
궁상맞은 모양새 −

몇 번을 버리려다
다시 챙겨 묶는다.

아들의 방
― 수능시험을 앞두고

일분이라도 더 재우고 싶어
차마 너를 부를 수 없다
늦도록 꺼지지 않는
네 방의 불빛이 안타까이 기억되기에

부스스한 얼굴로
식탁에 마주 앉는 너에게
나는 또
무심한 척 일상적인 얘길 건넨다

제 몸무게만큼이나
무거운 가방을 메고
문을 나서는 뒷모습이
못내 안쓰러운데

애써
힘들지 않는 척하는 너
애써 무심한 척하는 나

되돌릴 수 없는 시간이라면
차라리
시간이 겹쳐 지나서

오늘이
빨리 가버렸음 싶다.

나목裸木 · I

그대 속 깊은 곳엔
어떤 색깔 물들어 있을까
온 날 해바라기하던
노오란 가슴에
붉은 과실果實 같은
야문 꿈 하나 뭉쳐 있을까

소름 돋는 바람
한겹 껍질로 막아서서
가슴까진 얼지 않도록
자꾸 매만지는
남루한 옷깃

자랑스레 밀어올린
초록으로 빛나던 날에도
이런 날 있을 줄
알았어야 했다

그대 속 깊은 곳엔
어떤 기억들이 살아 있을까
어느 날
불쑥 날아든

낯선 꽃씨 하나
가슴에 터 잡게 허락하고선
행여
아픔으로 무늬지지 않기를
서툴게 익혀 가는
기도의 몸짓.

아들의 반란

단단한 껍질 속에
생명을 싸안고
봄을 기다리는 설렘이 있었다

행여 날아갈까
가녀린 싹을 받아들고
숨도 크게 못 쉬던
벅찬 기쁨도 있었다

내 안의 피란 피
모두 네게 향하고
기꺼이
너를 위해 나 있어 좋았다

알량한 가슴 안에
너를 가두고
사랑이라고 주술처럼 믿었다
너 또한 행복하기를……

그러나
피끓는 스무 살 너는
반란의 깃발을 드는구나

개선장군의 당당함으로

허물어져 내린
내 믿음의 파편들은
소리 죽여 울고
너무도 당당하다 스무 살 너는.

나목裸木 · Ⅱ

바빠진 해 걸음 따라
마음 내내 스산터니
안간힘으로
버티어 서는 들풀 위
서리 소복이 덮이고
발 밑으로
빠르게 빠져나가는 더운 피

어지럼증으로 오는 상실감 –
분분히 땅위로 자맥질하는
또 다른 이름의 나

자꾸 감겨오는 눈꺼풀 사이로
흐리게 흔들리는
사랑했던 모든 것
나는 끝내
기억하지 못하리

골목길 마악 돌아서
설핏 비치다 사라지는
낯익은 시간의 옷자락뿐.

두통 · I

올올이 일어서서
내닫는다
통제되지 않는
머릿속 핏줄들이
저마다 울끈 불끈 아우성치고

알 수 없는 무게에 짓눌린 고개
가눌 수가 없다
핏발 선 눈
온통 뒤틀리는 위장은
헛구역질로 힘을 뺀다

아 ! 이러다
어딘가 꽝 - 하고 핏줄이 터져서
고장난 기계처럼 되는 건 아닐까
영영
생각을 놓친 채
망각의 벼랑으로 곤두박질치지나 않을까

아직 나는
아무 준비도 없는데

죽음보다 두려운 건 망각이다
살아 있음에도
생각을 놓쳐 버리는 일이다.

낙엽 스케치

겨울에도 이런 바람
불 수 있구나
아지랑이 묻어올 것 같은
단내 나는 바람
해맑게 씻긴 하늘은
물빛 고운 비단

옷 벗은 나무 아래
기웃거리다
차마 못 떠나는
낯익은 널 만난다.
하고픈 얘기
너무 많아서일까……

빗물에 젖어
한결 선명해진
빛 바랜 낙엽

그래도 넌
어여쁘다
아직도
사랑을 꿈꾸는 넌.

두통 · Ⅱ

쇠꼬챙이로
구멍을 뚫나보다
쫘악
쪼개질 것 같은 통증에
생각은 통제력을 잃고
기인 고통의 터널을
끌려 다닌다

잠깐씩 빠져 드는
잠 속에서조차
진저리치는 통증은 따라붙어
채찍을 휘두른다

고막을 난타하는
수천 마리의 벌레소리
자꾸만 올라오는 메스꺼움

배창자 끌어내는 토악질
눈물 콧물이 범벅된
낯익은 얼굴을 본다

태풍처럼 휘몰아치는

이 두통은
내게 허락되어진
건강한 다른 시간을
더 소중히 살라고
신이 내게 주는
경고인지 모른다.

상실 · I

발붙일
한줌 흙에 등 밀린
神은
혼자 떠돌며 심심하다

순간의 실수로
너무 빛 부신 초벌구이로
세상은 혼돈의 축제

시간의 거울 앞
마지막 주소를 적은 神은
혼자서
이승의 문턱을 넘어가고

빛 노을에 묻어 온
신문 어느 곳에도
神의 자살은
실리지 않는다.

상실 · Ⅱ

바람 한 끝을 물고
잠긴 빗장을 넘다
다친 가슴에
뚝 뚝
붉은 피 꽃들이
무수히 날고 있었다

목조인
허세의 속옷
맨몸과 허무의 생소한 만남

허물어진 벽
바람에 기대어
체념을 포개다가
돌아서
와락 껴안는
생의 한 모서리

아픔과 만나기 위해
꽃은 다시 지고
핀다.

만남

자주
혼란스럽다

혼자 남겨질까 겁내 하고
따뜻한 만남이
눈물나게 소중하다

실낱같은 그리움의 꼬투리도
안타까이 챙겨 보고
그런 애씀이
부질없음도 알아차린다
만남이 귀할수록
이별 또한
생살 에이는 아픔인 것을

더는 피 흘릴 여력이 없다고
작별의 문 뒤에서
입술을 깨물지만
아 – 살아 있음에랴
나는 목 늘여
또 다른 만남을 꿈꾼다.

불면의 밤

제발
나를 잠들게 놓아주오
곤두선 신경의 현을 타고 앉아
끝없는 망상의 굴레로
옭아매는 이여

가볍게 코를 골며
단잠에 빠진 남편 옆에
고통스런 초침소리
유난스런 밤

지친 육신은
잠들기 갈망하지만
금새 끊어질 듯 팽팽한 신경

깨뜨려진 유리조각
섬뜩한 날카로움에
밤은 소리 없이 난자당하고
어느새
창문을 기웃대는 새벽
아 –
모르는 체 돌아눕고 싶은

또 하나의
피곤한 나의 아침.

저녁 한때

늦가을 저녁은
들판 끝에서 오고 있었다
볏짚 태우는
매캐한 연기 속으로
어둠의 옷자락을 펼럭이며

머언 도시의 불빛은
별이 되어 살아나고

사방에서 기웃대는
어둠에 주눅 든 채
나는 허둥대며
등불을 밝힌다

잊혀진 어느 시간의 갈피쯤
너무 아름다워서
눈물나던
기억 하나 꺼내어 들고
빈 들판
바람소리로 오는
저녁을 서성댄다.

시작의 아침처럼
– 교단을 떠나시는 선배님께

미루어 생각합니다
하루의 새벽처럼
모든 가능성이 꿈틀거리고
온 세상을 감싸도 넉넉할
들끓는 젊은 피로
힘차게 시작했을 님의 아침
그 아침
소박하지만 결코 천박하지 않은
호사스럽지 않지만
두고두고 그 빛이 더해질
사랑과 인내로만 열매가 약속되는
멀고 더딘 길
기꺼이 품어 안은 님의 선택

함께 기억합니다
날 무딘 호미로
자갈밭 일구고
비바람 막아서 어린 싹 키워 내던
병든 가지 도려 내며 속울음 삼키고
어렵게 피워 올린 한 송이 꽃에도
하늘만큼 좋아했던
그날의 열정을 기억합니다

어쩜 바보 같은
한낮의 순수를 기억합니다

감사와 박수를 보냅니다
결코 쉽지 않았던 길
기꺼이 모두를 내던져
욕심껏 키워 낸 수많은 나무들

넓은 세상 버팀목 되어
제 몫의 소리로 노래하고
제 몫의 빛깔로 세상 밝히리니
그날 시작의 아침처럼
오늘 하루의 끝맺음도
헛되지 않았노라
이제 소리 내어 웃으소서

5
끝나지 않은 노래
아픔조차 사랑하는 까닭에

빗물

흐린 하늘을 이고
타박타박 걸어가는
숲으로 난 길

안개비 소리 없이 머리칼을 적시더니
이내
어깨로 등으로
촉촉이 젖어든다

누가 알까
젖어드는 빗물보다 더
나를 춥게 하는 이
그대인 줄을

빗물보다
먼저 스며들어
내 안으로 흘러가는 이
그대인 줄을……

바람 부는 날

바람 부는 날
생각 속으로
뻗어간 길을 걸어
바람에 눕는 들꽃을 본다

줄기차게 다시 일어서는 너는
눌러도 눌러도
새록새록 일어서는
내 안의 그리움이다

생각만으로도
눈시울 젖어드는,
감은 눈 속으로만
환한 미소 포개 오는
그리운 이름

그대도
나처럼
그리운 이름 하나 지녀 있을까?

보고픔
파도 되어 출렁이는 날

생각 속으로 뻗어간 길을 걸어
바람에 눕는 들꽃이 된다
들꽃 되어 눕는다.

아카시아 꽃

오월 어느 한 날
온 산이
하얀 속옷 벗어 흔들어 대고
살풋 스치는 바람 한 올에도
천지에 향 가루가 흩어지던 날
그림 속에서 그대가
내게로 걸어 나왔다.

닫혀진 시간의 갈피 어디쯤
기억도 아스라한 설레임이
홀연
초록잎새로 나부끼고

감추어 싸안을수록
그리움은 키를 넘어
새어 나가는 향기로 자꾸만 퍼져서
몇 날을 남몰래 얼굴 붉혔다.

그렇게 한 계절
떠나지 않는 미열 속에서
삶은 소리 없이 윤기를 내고
행복해도 되느냐고

조심조심 물었다.

빗속으로 꽃은 지고
강물에 떨어지는
푸른 산 그림자

눈물나게 고운 그대 모습을
그림 속에 다시 가두고
꿈을 꾸었노라 쓸쓸히 웃는다

그림 속 그대를 만난 것은……

상처傷處

오래된 앨범 속
빛 바랜 사진처럼
삶이 시들해졌을 때

내가 누구였던지
기억조차 희미해서
기가막혀 할 때

그대 저만치
닿을 듯 닿지 않는 거리에서
시린 눈빛
나보다 더 추운 얼굴로
바라보고 있었다

왜 그랬을까?
허공에서 맞부딪쳐
황망히 부서지는 시린 눈빛에
가슴이 싸하게
아파 온 것은

아주 잠시
여린 풀잎처럼 떨다가

이내
낡은 사진 속으로 돌아서는데
눈물이 난다

가을 산허리
억새꽃 하얀 발 밑에
상처 난 마음
몰래 묻어 두고
나는 그대를 지운다.

무제無題 · Ⅲ

네가
이 세상에 있다는
이유만으로
나는 때때로
가슴이 차오른다

가슴 깊이 묻어 둔
너의 이름을
못 견디게
네가 그리운 날
가만히 꺼내어
소리 죽여 불러본다
너. 의. 이. 름

가슴이 따스하게 젖어 온다
바닷가 모래톱이
파도에 젖듯이.

뚝배기

새벽 빛
고이 모아
야문 소망 하나
빚다

들끓는 신열身熱에
터진 입술
아픔도
삭여 두는 건

가난한 그대
추운 가슴에
따뜻함으로
닿을 수 있기를

소박한 욕심 하나
꿈꾸기 때문이다.

바람꽃

바람
그 머언 울림으로
노래할 테다
깊어진 가슴으로만
들을 수 있는

바람
그 목마름으로
춤을 출 테다
간절한 보고픔이 아니면
눈뜨지 않는

그대가
나를 보고 있을 때
꽃이 되고
노래가 되고
눈물이 되었다

바람꽃
한 송이 피워 올렸다.

백목련

가슴속 심지 끌어내
환히 불 밝히고
지나는 바람에도
귀 열어두는데

구구구 –
산비둘기 소리에
저무는 봄밤

강물 같은 님은
무심히 흘러가고

투 둑 –
그리움 응어리져
발아래 지는 꽃잎.

빈자리

어린 날
실수로 놓쳐 버린
하나뿐인 예쁜 풍선
하늘로 둥둥 떠가는 걸 보며
그때
그렇게 마음이 아팠다
작은 가슴이

오늘
사랑하는 벗 하나
떠나보낸
흐린 하늘 보며
가슴 바닥에
시린 바람 윙윙댄다

숨이 꺽 꺽 막히도록
참 많이 아프다
작은 가슴
너무 큰
빈자리가

바람에 기대어

태풍이 올라온대나
올 테면 오라지
비릿한 바람냄새 속에
몸을 부린 채
찢어진 깃발 되어
실컷 펄럭이게

머리칼 휘잡아 흔들어 대면
뿌리째 뽑혀서
뒹굴어 주리

네게로 가는 길
이 세상엔 없고
내게로 오는 길
만들지 못했으니
닿을 수 없는 아픔
더는 다독일 수 없어
바람의 길목에서
너울대는 거야
끝내
광기狂氣 되어
몸부림치는 거야

억지

가슴 깊은 곳
몰래 흘러 넘치는
샘물 하나

숨겨진 그리움
가슴 저미는 아픔인걸
계절 탓이라고
억지를
부려본다

그대 떠난 자리
하도 넓어서
빠져 잠길 것 같다는 말
끝내 속에 담아둔 채

애써
계절 탓만 한다.

비가悲歌 · I

설레는 꽃빛도 아닌
뜨거운 정열은 더욱 아닌
가슴 깊은 곳
안타까운 아픔이 영글어
옹이진 아름다움
그냥 아픔이랄밖에

간절한 보고픔으로
눈뜨고
애틋한 그리움으로
잠드는데
우린 한 뼘도
서로에게 다가설 수 없다

눈길 닿는 곳마다
마음 닿는 곳마다
가슴이 아리다
때늦은 내 사랑은.

비가悲歌 · Ⅱ

눈에 보이는 만큼만
가슴을 열어 놓고
흐르는 구름도 노래하고
쏟아지는 별빛도 사랑하고

손끝에 느껴지는 만큼만
마음을 열어 놓고
솜털 헤집는
미풍에 수줍어하고
코끝 스치는 들꽃 향기에
가슴 설레이고

그렇게 작은 몸짓으로
그렇게 서툰 몸짓으로
행복을 꿈꾸었다
세상 밖
그대를 만나기 전엔

그대는
가슴 무너져 내리는
안타까움이었다.

빈 터

하늘 고인
물밑으로
눈빛이 자꾸
잠겨 드는 날

빈 들 돌아온
바람자락에
까닭 없이
가슴이 젖어요

아직도 내게
사랑을 위해 남겨 놓은
작은 빈터
있었는 줄`
지금에사 알았어요

그것이
찬란한 아픔인 걸
이제사 알았어요

돌아오는 길

그랬지요
한 번은
추억을 만들려 갔어요
산은 산빛으로
물은 물빛으로
잡힐 듯 다가오는
향기로움이
하도 아름다워
그대 샘물 같은 눈 속에
기쁘게 서 있었지요

그랬지요
오늘은
추억을 지우려 갔어요
그대 그리운 맘
하도 아파서
하얀 물감으로
덧칠하듯
추억도 그렇게 지울까 하여

끝내는
못 지우고 돌아오는 길

산도 하늘도
출렁이네요
출렁이네요.

바람이 사는 곳

바람 부는 날
강가에 나간 적 있어요.
밀거니 당기거니
깔깔대며 뒤집어지는 물보라와 함께
거기 바람이 살고 있더라구요.

바람 부는 날
숲에 들어간 적 있어요.
수런대고 서걱이는 나무들의 옷자락 뒤
까닭 없이 겁먹게 하는 바람이
거기 살고 있더라구요.

그런데 그 바람
십이층 아파트까지 나를 따라와
우우우 – 문 열라 소질 지르더니
윤기 나는 초록 들판으로 내달려
마구 물보라를 일으키네요.

가끔은 주체할 수 없는 열정으로
때론 퍼질러 앉아
다시는 일어설 수 없을 것 같은 절망으로
바람은 내 안에 살고 있더라구요.

남해의 봄

여기요
이봐요 !
물결은
가느다란 손끝으로
가만가만
산자락을 당기고 있었다

구름 한 조각도
무늬지지 않은 맑은 가슴에
정겨움이 뚝뚝 떨어지는
살가운 몸짓으로

왜에 ?
그윽한 눈빛으로
바라만 보더니
산이
진달래로
벙싯 웃는다
개나리로
화알짝 웃는다.

작품해설

거울 속의 새에게

이병훈

거울 속의 새에게

이병훈 ‖ 시인

오래 전 일이다. 전재복 시인을 만난 것은 그가 문학의 문전에 서 있을 때쯤인 단발머리 교복차림의 고등학교 재학 때라 기억된다.

군산에 문인협회라는 모임을 만들어 시화전을 자주 열었었는데 그중 어느 시화전에선가 전재복의 시를 처음 만났다. 정회원은 아니지만 고등학생들도 추천을 거쳐 출품할 수 있도록 문을 열어놓은 행사였다. 전재복의 시가 그런 과정을 거쳐 행사장 벽에 걸린 것이다.

<뚝배기>라는 제목의 시였는데 나는 느닷없는 이 제목에 내심 놀랐다. 그리고 시선이 쏠렸다. 그런 제목으로 시를 쓰겠다고 덤벼 든 대담한 도전이 놀라웠고, 그런 제목으로 그럴듯하게 작품을 만들어 낸 점이 놀라웠다. 아직 어리지만 이 사람에겐 그만한 문학적 잠재력과 소질이 있음을 발견하게 된 것이다. 전재복의 시는 행사 내내 화제가 되었었다.

고등학교를 졸업하던 해에는 개인 시화전을 열 만큼 열심히 활동을 하는가 싶더니 대학진학과 더불어 소식이 끊기더니 그 후 나와는 인연이 뚝 끊어지게 되었다.

그러다가 그가 중년이 되고 나는 노년이 되어서야 다시
만나게 되었다. 그동안 그는 학교를 마치고 초등학교 교
사로 재직하고 있었으며, 타고 난 품성대로 오붓한 가정
을 꾸려 착실하게 살아가는 생활인이 되어 있었다. 직장
을 가지고 가사를 책임져야 하는 일이 쉽지만은 않았을
테지만 문학에의 꿈은 버리지 않고 살아왔음을 짐작할 수
있다.

동인지나 다른 곳에 더러 작품을 발표한 적이 있었다지
만 솔직히 말해서 나는 그의 글들을 −학생 때 이후의 시
를− 이번 시집을 엮는 과정에서 비로소 차분하게 살펴볼
수 있었다.

전재복 시인은 추천이라는 통과의례를 거쳐 문단에 발
을 딛고 나섰음에도, 또한 계속해서 발표하고 모아진 작
품이 적지 않았으면서도 시집을 발간하는 데는 상당히 주
저했던 것으로 알고 있다.

고운 시심을 키우며 작품을 꾸준히 써 왔으면서도 섣불
리 남 앞에 드러내지 않고 그저 안으로 다지고 익혀 왔던
것이 아닌가 싶다.

그의 작품을 통해 보여지는 대체적인 인상 또한 그런
느낌을 가지게 한다.

詩를 쓰는 일 − 그 일은 처음도 끝도 없는 일이지만 전
재복 시인은 이미 詩의 중간 맥을 거쳐 달리고 있는 것 같
다.

이번에 시집으로 묶여지는 작품 85편은 결코 적은 숫
자가 아니다. 詩란 손끝으로 쓰는 것도 머리로 쓰는 것도
아닌 가슴으로 쓰는 것이기에 더욱 그러하다.

거리에는
사람들이 떠다닌다
날마다
얼마큼의 독을 마시고
반쯤은 얼빠진 채
세상 속을 헤엄친다

뉴스는
날마다 더 자극적이어야 하고
사람들은 잠깐씩
놀라는 체하다
금새 제 무게만큼의
그림자를 둘러쓰고
흐느적거리며 물결이 된다

거리 한쪽에선
끊임없이 독약을 끓여 내고
사람들은 출렁이며
습관처럼 독을 마신다

그래도 어딘가엔
아침 이슬 같은
순한 풀꽃들이 자라더라고
풍문이 떠돈다

독을 씻어 내기엔

턱없이 모자란대도
순한
풀꽃들이 가득 피기를
피어서
독을 마신 사람들의
눈물이 되기를
따뜻한 가슴이 되기를

간절한 기도
바람에 띄우는
사람을 만난다

- ⟨1997년⟩ 전문 -

1997년 '한국시'에 발표된 작품이며, 1998년 '한국시
2월호 詩月評'에서 격찬을 받은 작품이다. 월평은 고사
하고 이 詩를 대할 때 ⟨뚝배기⟩ 때의 신선한 충격이 되살
아난다.

놀라운 대목이 있다.

'거리에는/ 사람들이 떠다닌다/ 날마다/ 얼마큼의 독을
마시고/ 반쯤은 얼빠진 채/ 세상 속을 헤엄친다'

첫 연이 기가 막히다. 이 대목이야말로 현대시가 서야
할 자리에 바로 선 느낌이다.

내용도 그렇지만 詩語의 갑작스러운 변혁과 거기에 더
하는 감각적 충격을 서정의 그릇에 담아 독자를 놀라게
한다.

이 글의 배경은 현대적 수난의 현장이기도 하지만 각성

하기를 간절히 바라는 내용으로 이루어져 있다. 신선한
더운 피의 간절한 추구 즉, 詩가 결코 만만한 것이 아니라
는 생각을 불러일으킨다.

거울 속엔
노래를 잃어버린
새 한 마리 산다

가슴에 난
작은 구멍 들여다보며
자꾸만 구멍을 넓혀 가더니
이젠 제 몸마저
풍덩 빠져
날지 않는다

거울 속엔
노래를 잃어버린
새 한 마리 산다
제 깃 뽑아 둥지 틀고
피울음 엮어
아름다이 사랑을 노래하더니

모두 떠난 빈자리
피곤한 날개
가슴이 텅 빈 새 한 마리
그곳에 산다

이 詩 역시 앞에 인용한 시와 같은 느낌의 글이다. 한 마리 새가 선택됐을 뿐이다.

자유는 살아 있는 그 자체다. 이 시에서 새는 절대 자유로 태어났으나 거울 속에 들어앉아 산다.

새가 보면 자신이 보이나 보지 않으면 그 스스로의 존재란 없다. 그러면서도 그 안에서 살 수밖에 없는 새 - 그 속에서 깃을 뽑아 둥지를 만들고 새끼를 낳아 기르고 있지 않는가 ? 어찌 이것을 살아 있다고 하겠는가? 차라리 몸부림이다. 새는 몸부림치며 거울 속을 떠나고 싶은 것이 분명한데도 벗어나지 못하는 안타까움 - 그러면서도 삶을 사랑할 수밖에 없는 것이 시의 소재가 된 것이다.

어디 새뿐이겠는가? 대부분의 사람들이 그렇게 살고 있는 것을……. 벗어나고자 하면서도 스스로의 모습이 보이는 거울 속에서만 맴돌고 방황하고 있지 않는가.

나는 이 일련의 시가 얼마나 건전한가 하면서 감탄한다.

또한 "시는 건전해야 한다"라고 말하고 싶다. 비탄에 빠져 있을지라도 건강한 영혼이 살아 숨쉬어야 한다는 바람이다.

전재복 시인의 첫 시집 《그대에게 드리는 들꽃 한 다발》 85편에 흐르는 한결같은 물결은 힘-언어의 힘-이다. 대담하게 변화시키는 활력이다.

투박하면서도 애써 미사여구에 눈을 돌리지 않는 것은 기법상 스스로의 작품세계를 만들어 가는 시인의 노력이었다고 생각한다. 소박하나 결코 소박함에 그치지 않는 그 詩語들이 참 좋았다.

앞으로 더 좋은 詩가 나오리라 믿으면서 이 글을 마친다.

2002년 11월

미래시선 124
그대에게 드리는 들꽃 한 다발

지은이 · 전재복
펴낸이 · 임종대
펴낸곳 · 미래문화사

찍은 날 · 2002년 12월 24일
펴낸 날 · 2002년 12월 30일

등록 번호 · 제3-44호
등록 일자 · 1976년 10월 19일
주소 · 서울시 용산구 효창동 5-421
전화 · 715-4507/ 713-6647
팩시밀리 · 713-4805
E-mail · miraebooks@korea.com
          mirae715@hanmail.net

ⓒ2002, 미래문화사
ISBN 89-7299-244-5

정가 · 5,000원